BEI GRIN MACHT SICH IHR WISSEN BEZAHLT

Bibliografische Information der Deutschen Nationalbibliothek:

Die Deutsche Bibliothek verzeichnet diese Publikation in der Deutschen National-
bibliografie; detaillierte bibliografische Daten sind im Internet über http://dnb.d-
nb.de/ abrufbar.

Impressum:

Copyright © 2017 GRIN Verlag
Druck und Bindung: Books on Demand GmbH, Norderstedt Germany
ISBN: 9783346182302

Dieses Buch bei GRIN:

https://www.grin.com/document/595470

Irina Mallmann

Gründe zur Teilnahme an Weiterbildungsmaßnahmen. Bestehende Hindernisse im Prozess

GRIN Verlag

GRIN - Your knowledge has value

Der GRIN Verlag publiziert seit 1998 wissenschaftliche Arbeiten von Studenten, Hochschullehrern und anderen Akademikern als eBook und gedrucktes Buch. Die Verlagswebsite www.grin.com ist die ideale Plattform zur Veröffentlichung von Hausarbeiten, Abschlussarbeiten, wissenschaftlichen Aufsätzen, Dissertationen und Fachbüchern.

Besuchen Sie uns im Internet:

http://www.grin.com/

http://www.facebook.com/grincom

http://www.twitter.com/grin_com

Mallmann, Irina

Bachelor Erziehungswissenschaft,
Kernfach

Gründe für die Teilnahme an Weiterbildungsmaßnahmen: Bestehende Hindernisse im Prozess

Universität Trier
Fachbereich I Erziehungswissenschaft

Modul VIII Weiterbildung II: Berufliche Kompetenzentwicklung in gesellschaftlichen,
institutionellen und pädagogischen Kontexten
WS 2016/ 2017

Inhaltsverzeichnis

Wissen profiliert sich in der modernen Gesellschaft als wichtigstes Kapitalgut. Damit hängt zusammen, dass der Bildungsbegriff an das proklamierte Bildungsziel des Lebenslangen Lernens geknüpft wird (vgl. Holzer 2004, S. 87). Wissen ist in den Globalisierungs- und Technologiesierungsprozessen und der damit einhergehenden Zuspitzung des Wettkampfes zu einem entscheidenden Faktor geworden (vgl. BMBF, S. 15). Bildung, agiert als formalisierte Gestalt von Wissen und erhebt sich zu einer Instanz, die gesellschaftlichen, wirtschaftlichen und politischen Angelegenheiten ein kompetentes Format zur Generierung von Lösungen bietet. Die progressiv verlaufenden Entwicklungen in Bezug auf die Globalisierung und Technologisierung, bewirken eine steigende Orientierung der Bildung an wirtschaftlichen Interessen, was sich auch im Weiterbildungssektor besonders verdeutlicht. Gemäß Feststellungen der Autorin Elke Gruber findet vor diesem bildungsbezogenen Hintergrund eine Pädagogisierung der wirtschaftlichen Prozesse und im Umkehrschluss auch eine Verwirtschaftlichung der Pädagogik statt. In diesem Zusammenhang zeichnet sich eine Verzweckung von Qualifikationsbedarfs ab (vgl. Holzer 2004, S. 7ff.). Zunehmend werden aus wirtschaftlicher und politischer Perspektive gut qualifizierte und flexibilisierte Kräfte nachgefragt und relevant. Im Sinne des gesteigerten Wettbewerbs werden die notwendigen Rivalitätskompetenzen an dieser Stelle vorausgesetzt. Die gegenwärtige Situation In Deutschland zeigt einen kausalen Zusammenhang von Bildung und Erwerbserfolg auf. Dies verdeutlichen auch empirische Studien. Im Zuge der Notdurft, diese Konkurrenzfähigkeit auch in sich kontinuierlich progressiven Prozessen zu halten, gewinnt die Bedeutung der Weiterbildung stets. Sie steht vor dem Anspruch, individuellen und institutionell verlangten Nutzen zu vereinen (vgl. Eisermann et al. 2014). Aus diesem Nutzen heraus entsteht ein dynamisches Verständnis von Bildung und Lernen, welches damit einen infiniten Prozess meint, welcher nicht etwa mit Abschluss einer konkreten institutionellen Stufe beendet ist. Das Bildungssektor der

Weiterbildung stellt dabei eine formalisierte und informelle Form dar,
Lebenslanges Lernen institutionell zu verankern (vgl. Gorges 2014, S.
10), was die Beteiligung und Nicht-Beteiligung an
Weiterbildungsmaßnahmen der näheren Betrachtung unterzieht und das
Interesse an Forschung der Einflussfaktoren erweckt (vgl. Eisermann et
al. 2014). Im Hinblick darauf, dass die Weiterbildungsteilnahme die
formalisierte Form der von der Wissensgesellschaft propagierten
Bedeutung des Lebenslangen Lernens mit einem quasi verbindlichen
Charakter darstellt, ist die Erforschung der Gründe und Einflussfaktoren
der Weiterbildungsabstinenz durchaus interessant (vgl. Holzer 2004, S.
2).

In der folgenden Ausarbeitung wird zunächst die Struktur des
Weiterbildungssektors untersucht, um anschließend über jene
Einflussfaktoren, welche sich in individuelle und institutionelle
Teilnahmebedingungen aufteilen, zu betrachten. In Form der
Schlussbetrachtung wird sie schließlich in einer Reflektion münden.

2.Struktur des Weiterbildungssektors

Der quartäre Bildungssektor ist ein uneinheitlich organisiertes, intern
untergliedertes Feld. Seine zahlreichen Angebote werden von diversen
Anbietern und Trägern strukturiert. Zu diesen zählen die Kammern,
Bildungsorganisationen von Berufs und Fachverbänden, staatliche
berufliche Schulen, Volkshochschulen und insbesondere Anbieter, die
zur privaten Trägerschaft zählen und zu kommerziellem Zwecken tätig
sind (vgl. BMBF 2014, S. 12). Eine universelle rechtliche Regelung der
Weiterbildung ist nicht gegeben (vgl. Diemer 1998, S. 31). Vielmehr sind
die Weiterbildungsangebote durch die marktförmigen Träger in Form
einer großen Vielfalt organisiert und finanziert. Zusätzlich ist sie
auch durch die aktive Arbeitsmarktpolitik des SGBIII und der
Volkshochschulen staatlich organisiert (vgl. Walter 2014, S. 11f.).
Rückblickend auf die geschichtliche Entwicklung des

Weiterbildungssektors ist die Finanzierung und interne Organisation durch den Staat nicht immer obligatorisch gewesen. Weiterbildung galt bis zu den 1960er Jahren als den Privaten oder Gruppeninteressen dienende Angelegenheit, die außerhalb der verpflichtenden Organisation des Staates stand (vgl. Diemer 1989, S.32). Ab 1970 legte der Deutsche Bildungsrat eine Definition von Weiterbildung fest und beschrieb sie dabei als (vgl. Bretschneider 2006, S. 5) „„.Fortsetzung oder Wiederaufnahme organisierten Lernens nach Abschluss einer verschiedenartig ausgedehnten ersten Bildungsphase" (vgl. Deutscher Bildungsrat 1970, S. 197). Sie proklamiert damit die Weiterbildung nach ihrem Strukturplan als von staatlicher Hand zu organisierendes Feld und setzt fest, dass sie einen quartären Sektor zur Ergänzung der schulischen Bildung darstellt, welches einer Emanzipation im Bildungssystem entspricht. Somit soll ordnungspolitisch die Weiterbildung in ihrer internen Organisation in institutioneller und inhaltlicher Form vom losen Bildungsangebots losgelöst werden. Es findet ein Begriffswechsel statt, welcher zur Einbindung der Weiterbildung in die Staatliche Obhut zur Gemeinwirtschaftlichkeit führen. Es sollte erreicht werden, dass Weiterbildung als gleichgestelltes Bildungsfeld neben den primären, sekundären und tertiären Bildungssektoren besteht und sich als solche mit Hilfe des angesetzten Strukturplans des Deutschen Bildungsrates etabliert. Die Organisation der Weiterbildung quartärer Sektor sollte sie als äquivalente Form im Bildungssystem mit den anderen Bildungsfeldern vernetzen und im Stande sein, gleichwertige Qualifikationen und Aufstiegschancen darzubieten (vgl. Diemer 1998, S. 27f.). Es erfolgte mit der staatlichen Organisation eine bildungspolitische Vorstellung der Weiterbildung, die in Ordnungssätzen und Regelsystemen zwar verankert ist, aber in ihrer Struktur keine Berechenbarkeit aufweist und entsprechend der jeweiligen politischen und wirtschaftlichen Konjunktur Änderungen unterlegen ist (ebenda, S. 31). Positiv hervorzuheben ist in diesem Zusammenhang die Flexibilität, sich adaptiv an die Entwicklungsdynamiken in der Umgebung einzustellen, welche sich durch ihre geringe Institutionalisierte Organisation im Gegensatz zu den anderen Bildungsbereichen ergibt (vgl. Küchler 2010, S. 278f.). Lebenslanges Lernen wird im Hintergrund dieser Funktionalität der Weiterbildung als Bildungsprinzip verfolgt. Periodische Entwicklungsprozesse auf den Ebenen der Technik, Industrie und dem Wandel der sozialen und politischen Kontexte ziehen endlose Prozesse der ständigen Anpassung nach sich. Letztere sind dementsprechend lebenslang aktuell und setzen vom Individuum eine ständige Handlungskompetenz der Adaption im Verlauf des Lebens voraus. Unter dem Oberbegriff der Weiterbildung werden Bildungsbereiche in der Umschulung und Fortbildung, der Allgemeinen Weiterbildung, Erwachsenenbildung und politischen Bildung zusammengefasst (ebd., S. 24f.). Schematisch kann die Weiterbildung jedoch in zwei große Bereiche, einerseits die Allgemeine und andererseits die Berufliche Bildung, separiert werden.

Berufliche Weiterbildung umfasst die Bildungsinhalte, welche im Kontext der beruflichen Vorgänge relevant sind, während allgemeine Weiterbildung eine Expansion der persönlichen und der politischen Entwicklung im Bildungskontext meint. Berufliche Bildung beinhaltet die Adaptionsfortbildung in der berufliche Qualifikationen der Entwicklung der Arbeitsanforderungen angepasst werden und die Aufstiegsfortbildung In der Aufstiegsfortbildung werden die Kompetenzen erweitert die für einen Aufstieg im Beruf notwendig sind. Umschulung beinhaltet die Vermittlung der Berufsqualifikationen, die aus der Krankheitsbedingten oder Abwandlung von Produktionsabläufen heraus, die Qualifikationen für den bisher ausgeübten Beruf nicht mehr kompensieren können. Zusammengefasst dient die berufliche Bildung als Instanz um Aufstiegschancen zu erhalten und Defizite von einmal erworbener beruflicher Qualifikationen mit gleichwertigem Ergebnis auszugleichen. Berufliche Weiterbildung lässt sich mit Worten des Autors Weinberg als "subjektiv-individuell" bezeichnen: Sie dient dem defizitärem Ausgleich, z.B. nicht genutzter Gelegenheiten in der schulischen Bildung und übernimmt eine vergleichende Funktion im Prozess des Expansion der Basisbildung, indem sie zu der Aufnahme von neuem Wissen, dem Erreichen eines bestimmten Schulabschlusses, falls dieser nicht über den Sekundarbereich erfolgen konnte und der

Eindämmung von Bildungsnachteilen unter den sozialen Schichten, Regionen und Geschlechtern, führt (ebenda, S. 26).

Die Struktur der Organisation von Weiterbildung ist von jener der schulischen und der Hochschulischen Bildung zu differenzieren, welche eine in sich einheitliche Form aufweisen. Weiterbildungsansätze, -ziele und entsprechende Arbeitsvorgänge sind von Bundesland zu Bundesland und von Kommune zu Kommune unterschiedlich. Insbesondere wirtschaftlich organisierte Weiterbildungsangebote sind sehr verschieden (vgl. Diemer 1998, S. 21). Die Teilnahme an beruflichen Weiterbildungsangeboten stellt eine Chance dar, in professioneller Form persönliche Kompetenzen auszubilden. Im Gegensatz zur schulischen Bildung ist die bei Weiterbildung Partizipation nicht staatlich festgeschrieben, sondern untersteht der Entscheidungsfreiheit eines jeden Einzelnen (vgl. Dinkelaker/Hippel 2015, S. 14).

Um sich einen transparenten Einblick in die Dynamiken der Weiterbildungsteilnahme und des den zugrundeliegenden Prozessen zu verschaffen, wurden im Rahmen der Weiterbildungsforschung in 3-Jahres-Zyklen seit 1979 Erhebungen zur Weiterbildungsteilnahme durchgeführt (vgl. Holzer 2004, S.126). Inzwischen werden die Trendberichte in Erhebungen von 2-3 Jahres-Zyklen durch das Adult Education Survey (AES) durchgeführt (vgl. BMBF 2014 S. 8). Die Untersuchungen zwischen 1991-2014 zeigen Trendverläufe in Deutschland auf, die einen steten Anstieg der Teilnahmen berichten. So haben im Jahr 2014 laut den Ergebnissen des AES 26,3 Millionen Personen an Weiterbildungsangebote teilgenommen (vgl. ebenda 2014, S. 13). Ausgehend von dieser Information ist nun zu fragen welche Aspekte eine Teilnahme einerseits begünstigen und andererseits behindern und dementsprechend eine „...interdependente und kumulative.." (vgl. Holzer 2004, 168) Wirkung aufweisen. Die motivationale Teilnahmefaktoren werden auf individueller und institutioneller Ebene anhand einiger ausgewählter Determinanten betrachtet.

3.Motivationale Aspekte auf individueller Ebene

Motivationale Aspekte auf individueller Ebene stellen für Erhebungen der Weiterbildungsforschung den Fokus dar. Das Bild einer charakteristischen individuellen Weiterbildungsentwicklung inklusive der Kriterien in Bezug auf Motivation zum Lernen sowie zum Fortgang des Lernens sind die Hintergrundkonstanten, auf die es ankommt und welche die transparent gemacht werden müssen. Diese Aspekte werden wesentlich durch die individuelle Situation des Lernenden sowie weitere Konstanten determiniert, welche sich also auf die Beteiligung und Abstinenz an Weiterbildungsangeboten auswirken (vgl. Gorges 2014, S. 10). Entsprechende Zusammenhänge und die sich daraus ergebende Bedeutung der jeweiligen Faktoren werden seit den 1970er Jahren in Erhebungen nachgewiesen (vgl. BMBF 2014, S. 26).

3.1 Motivation

Im Sinne der herausgestellten strukturellen und organisationsspezifischen Unterschiede zwischen Schule und Weiterbildung, kann man auch von spezifischen Differenzen zwischen dem Lernverhalten von Kindern und Erwachsenen ausgehen. Letzteres unterscheidet sich von ersterem darin, dass es nicht institutionell vorgeschrieben wird, sondern autonomen Vorgängen unterliegt. Im Rahmen der Weiterbildung treten Entscheidungsprozesse der Lernenden in den Vordergrund bezüglich der Art und des Ausmaßes der jeweiligen Bildungsbeteiligung. Auf der Basis dieser Erkenntnis lässt sich rückschließen, dass der Motivation der (potenziell) lernenden Erwachsenen eine besondere Bedeutung zukommt. Greift die Schulpflicht nicht mehr ein liegt die Verantwortung für eine Weiterbildungsbeteiligung und den damit zusammenhängenden Lernerfolg sowie Lernerfahrung, beim Individuum selbst (vgl. Gorges

2014, S. 10).

In der pädagogisch-psychologischen Literatur befasst man sich mit der Thematik zur Motivation Erwachsener näher. Es lassen sich unterschiedliche lerntheoretische Ansätze ableiten, welche jeweils bestimmte Determinanten herauszustellen versuchen. Eine davon stellt Eccels´ theoretisches Erklärungsmodell zur Bildungsbeteiligung im Erwachsenenalter dar. Diese wird als die Erwartungs-Wert-Theorie proklamiert und ist in ihrer Formation universell gestaltet. Sie erhebt den Anspruch, die Motivation erwachsener Lerner zu beschreiben. Die Hypothese dieses theoretischen Ansatzes besagt, dass Weiterbildungsbeteiligung im Kontext der leistungsbezogenen Beschäftigungswahl entsteht. Die Teilnahme an Seminaren und Kursen sind aus Perspektive der Weiterbildung eine Zielsetzung. Subjektive Erfolgserwartung und -wert stellen in diesem Konzept autonome Größen dar, die in einer positiven Beziehung zueinander verlinkt sind. Kausalabhängig sind diese Komponenten wiederum durch die individuellen soziokulturellen Hintergründe und die jeweils gesammelten Lernerfahrungen des Individuums. Die individuelle Bildungsbeteiligung hängt von den wichtigen Komponenten der Erfolgserwartung und dem subjektiven Aufgabenfeld ab. Es entsteht eine Kosten –Nutzen Abwägung. Diese bewegen sich im Bereich positiver oder negativer Wert-Assoziation. Positive Wert-Assoziation nehmen Verknüpfung zum Erfahrenen, die sogenannte intrinsische Werte, auf die Zweckgebundenen Aspekt den Nutzen der Aufgabenausführung und schließlich der Ertrag der Aufgabe für die individuelle persönlichen Wert, die die Aufgabe animierender gestalten. Ein Kausaler Bezug wird dabei von den intrinsischen Werten zu der intrinsischen Motivation gesetzt, was bei den zweckgebundenen Werten im Gegensatz auf extrinsischen Motivation sich ausschlägt. Bezogen auf den Weiterbildungssektor und der zuvor erwähnten groben Unterteilung in berufliche und allgemeine Weiterbildung lässt sich ausführen, dass die erstere einen überwiegend utilitaristischen Nutzwert darstellt was bei der letzteren jedoch intrinsische Wert untergeordnet ist da es sich um freiwillige Freizeitgestaltung handelt. Bei der motivationspsychologischen Sicht ist demgegenüber keine definitive Separierung gegeben. Als negative Wert-Assoziationen stehen die Kosten, die man aufbringen muss, den positiven entgegen (ebenda, S. 11ff.).

3.2 Soziokulturelle und Sozioökonomische Faktoren

Einen großen Stellenwert erhalten die soziokulturellen und -ökonomischen Faktoren bei der Entscheidung in Bezug auf die Weiterbildungsteilnahme. Beachtet man die Tatsache, dass ein jedes Individuum aufgrund der kulturell und institutionell determinierten Biografie eine spezifische Position in der Gesellschaft einnehmen, deutet sich deren Einfluss auf den Lernprozess der unterschiedlichen Individuen mit ihrer jeweils differenten soziokulturellen und -ökonomischen Stellung an. Diese Abhängigkeiten finden Ausdruck im Begriff der Sozialisation. Fakt ist, dass die gesellschaftliche Ebene die Weiterbildungsteilnahme und -abstinenz beeinflusst und nicht bloß vom individuellen Entscheidungsprozess abhängig ist. Davon betroffen ist auch die Tatsache auf welche Art und in welchem Ausmaß Erwachsene lernen und davon abhängig unterschiedliche Erfahrungen von Anerkennung durch die soziale Umgebung erleben (vgl. Dinkelaker/Hippel 2015 S. 15).
In allen einbezogenen Forschungsarbeiten werden den personenspezifischen Merkmalen Geschlecht, Alter, Schulausbildung, Berufsstatus und deren Zusammenhang mit Weiterbildungspartizipation und -abstinenz große Bedeutung beigemessen (vgl. Holzer 2004, S. 151).

3.3 Personenspezifische Merkmale

Personenspezifische Merkmale wie Geschlecht, Familienstand, Schulbildung, Berufsstatus und Lebensalter stehen in einer engen

Verknüpfung zur der Teilnahme oder Abstinenz in Bezug auf Weiterbildungsangebote. Ihr großer Einfluss wird durch zahlreiche Forschungsarbeiten transparent gemacht (vgl. Holzer 2004, S. 151). Im Folgenden wird näher auf den Aspekt der geschlechtsspezifischen Merkmale in Bezug auf Weiterbildungsteilnahme und -abstinenz eingegangen.

3.2.1 Geschlecht

Ausgehend von den Daten des Weltbildungsbericht geht hervor, dass Frauen und Mädchen eine Personengruppe darstellen, welche, global gesehen, besonders von bildungsbezogener Benachteiligung betroffen sind. Ihnen werden Bildungschancen auf äquivalentem Niveau vorenthalten (vgl. Weltbildungsbericht 2016, S. 12f.). Insbesondere in Bezug auf die Teilnahme an Weiterbildungsangeboten lässt sich anhand von erhobenen Daten ablesen, dass das Geschlecht auch an dieser Stelle eine Determinante darstellt (vgl. Holzer 2004, S. 151f.). Es lässt sich zwar erkennen, dass Frauen mit einem insgesamt höheren Prozentsatz an Weiterbildungsangeboten beteiligt sind; Jedoch liegt der Prozentsatz an der Beteiligung speziell berufsbezogener Weiterbildung immer noch unter dem der teilnehmenden männlichen Personen (vgl. BMBF 2014). Die Gruppe der Teilnehmenden und die Gruppe der Nicht-Teilnehmenden an Weiterbildung alternieren in ihrer Relation zueinander. Frauen weisen eine höhere Abstinenz auf als Männer, deren Teilnahmewerte höher ausfallen als die der weiblichen Personen (vgl. Schröder et al. 2004, S. 31). Frauen als spezifische Gruppe sind deshalb von entscheidender Bedeutung, da sie spezifischen Problemlagen repräsentieren, welche wiederum Auswirkungen auf die Abstinenz oder Teilnahme an Weiterbildungsangeboten hat (ebd., S. 58). Eine solche stellt sich die zweifache Herausforderung von Berufsleben und Haushalt dar (vgl. Holzer 2004, S. 152). Unterstützend wirkt dabei die Tatsache, dass mit steigender Kinderzahl im Haushalt das Enthalten von der Teilnahme an der Weiterbildung, potenziell ansteigt. Kinderbetreuung ist noch immer potenziell eher die Aufgabe der Frauen als der Männer. Aus dieser Tatsache kann man ableiten, dass der Faktor Zeit somit eine wichtige Determinante, welche bei den Analysen der Teilnahme und Abstinenz an Weiterbildungsangeboten durch die Gruppe von Frauen herausgestellt wurde (vgl. Schröder et al. 2004, S. 58).

4.Motivationale Aspekte auf institutioneller Ebene

Institutionelle Aspekte und motivationalen Aspekten korrelieren miteinander. Von der Weiterbildungsinstitution und ihrer Organisation hängt letztendlich auch wesentlich die potenzielle Teilnahme oder auch Abstinenz an Weiterbildungsangeboten ab. Der institutionelle Aufbau der Weiterbildung bietet Raum, die Mitglieder der Gesellschaft in ihrem Geflecht zu organisieren. Dazu zählen Aspekte wie Angebots- und Beratungsübersichtlichkeit, ausreichende Information und Unterbreitung oder auch Unterstützungen wie z.B. durch Kinderbetreuungsstellen (vgl. Holzer 2004, S. 161). Doch lassen sich auch hier Hindernisse aufdecken, die noch immer abgebaut werden müssen. In den folgenden Punkten werden diese näher betrachtet.

4.1 Individuelle und Institutionelle Abwägung von Kosten und Nutzen

Hindernisse stellt für viele Personengruppen, ausgehend vom sozioökonomischen Status, die Finanzierung von Weiterbildungsmaßnahmen, dar. Mangelnde finanzielle Mittel können mitunter eine ausschlaggebende Barriere zur Teilnahme an Weiterbildung darstellen, besonders für einkommensschwache Bevölkerungsgruppen. Die Frage der Finanzierung korreliert im erhöhten

Maße mit der sozialen und beruflichen Position eines Individuums. Letztere weist damit einen Selektionscharakter auf, der sich besonders bei Erwerbslosen oder gering Qualifizierten bemerkbar macht (vgl. Holzer 2004, S. 162). Zwar ist der Staat als öffentlicher Förderer auch als Finanzierungspartner mit einbezogen, sowie eine von Betrieben oder Organisationen getragene Weiterbildungsfinanzierung vorhanden, jedoch stellt die Basisform der Finanzierung in diesem Sektor die Form der individuellen Investitionen dar. Die bildungsinteressierten Individuen sind aufgefordert in den meisten Fällen die Weiterbildungsteilnahme selbständig aus eigenem Budget zu finanzieren. (vgl. Brödel/Yendell 2008, S.45). Hier ist die Verknüpfung, was ist zwischen der individuellen Motivation und der zu erbringenden Investition anschließend zu erwarten für das Subjekt. Dabei wird der Humankapitalansatz nach Gary S. Becker herangezogen. Demnach wird die These aufgestellt, dass der Mensch als Homo oeconomicus rational abgewogen handelt. Er beabsichtig für ihn entstehenden Kosten mit den zu erreichendem Nutzen abzuwägen und zumindest auszugleichen. So stellt Weiterbildung eine Investition in Form von finanziellen und zeitlichen Kosten dar, die abgewogen wird und sich voraussichtlich durch erreichte Produktivität in Form von Lohn und oder aufgestiegener Position auszahlen müssen. Eine Investition in das Bildungsgut ist erst dann wahrscheinlich, wenn sich für den einzelnen Entscheidungsträger Produktivitätszuwächse erkennen lassen. Äquivalent dazu, wird Weiterbildung für Individuen nur dann von Betrieben finanziell gefördert, wenn sich vor diesem Hintergrund für sie ein Ertragsgewinn der Arbeitsproduktivität erkennen lässt (vgl. Kaufmann 2012, S. 104).

4.2 Informations- und Beratungsintransparenz

Eine staatlich organisierte Beratung ist im Sozialgesetzbuch III verankert. Die Agentur für Arbeit ist auf dieser rechtlichen Grundlage der zuständige Ausführer der Beratung und soll Erwachsenen ihr Angebot niedrigschwellig zur Verfügung stellen. Gleichzeitig zeigt sich, dass die

Beratung sich meist auf die arbeitslosen Erwachsenen begrenzt (vgl. Schiersmann 2015, S. 102f.). Es findet andererseits ein steter Zuwachs und Ausbau der Bildungsberatung und -information statt, jedoch ebenfalls und weiterhin größtenteils in Bezug auf einen eingegrenzten Personenkreis. Hinzu kommt, dass die zahlreichen Weiterbildungsprogramme und -angebote auf dem Weiterbildungsmarkt eine enorme alternierende Auswahl umfassen und überhaupt eine undurchdringliche Situation schaffen, welche es erschwert, ein potenziell adäquates Angebot zu identifizieren. Auch wenn die Popularität der Weiterbildung im Allgemeinen vorhanden ist, kann die Teilnahme an passenden und der eingeschränkten Übersicht in Bezug auf Weiterbildungsmaßnahmen infolge der Informationsintransparenz eingeschränkt werden (vgl. Holzer 2004, S. 163). Der Nutzen der Angebote und die dafür zuständigen Beratungsangebote setzen für den Nutzen für das Individuum in diesem Sinne einen hohen Aufwand zu seiner Inanspruchnahme voraus, was letztlich Auswirkungen auf die Teilnahme an Weiterbildungsangeboten hat. Zusätzlich stellen zeitbegrenzte Beratungsangebote, die im Rahmen von Projektförderungen durchgeführt werden, eine temporär zu erreichende Instanz dar, die wiederum keine Beständigkeit vorweist (vgl. Schiersmann 2015, S. 108).

5.Schlussbetrachtung

Der Diskurs um Teilnahme und Nicht-Teilnahme an Weiterbildung entsteht durch die Funktion der Erwachsenenbildung, Bildungsmöglichkeiten eröffnen zu können und niedrigschwelliger zu gestalten (vgl. Friebe et al. 2010, S. 306). Gesellschaftliche Umstrukturierungen, werden durch Globalisierungsprozesse einer stärker vernetzten Umwelt eingeleitet und stellen Wissen als Kapitalgut besonders hervor (vgl. Schiersmann, S.101). Lebenslanges Lernen wird zu einer erwarteten Realität der modernen Entwicklungen und stellen für das erfolgreiche Individuum eine zunehmende Bedingung dar (vgl. Holzer 2004, S. 137). Ständige Änderungsprozesse, die eine Anpassungsfähigkeit abverlangen und wiederum im wechselseitigen Verhältnis dem Individuum die Möglichkeit zur autonomen Gestaltung seines Lebensverlaufs darbieten, wirken sich auf die Lösung von traditionellen Vorschriften und Zwängen aus. Die Vorstellung von einem prozesshaften Ablauf der Bildung als finiten Prozess, mit dem überschaubaren Ablauf von Schule, Beruf und Ruhestand wird damit gelockert. In der aktuellen Zeit sind berufsbildende Wege nicht mehr nur auf einer einzigen Möglichkeit beschränkt, sondern können in unterschiedlicher Weise erfolgen. Der durch Flexibilität geprägte, besonders dynamische Ablauf, kennzeichnet nun die Bildungs- und Erwerbsbiographien (vgl. Schiersmann 2015, S.101). Weiterbildung als Bildungsbereich weist eine hohe Affinität dazu auf, sich auf soziale und gesellschaftliche Umstrukturierungen einzustellen und inhaltlich flexibel zu progressieren. (vgl. Friebe et al. 2010, S. 306). Die Erforschung der Teilnahme an Weiterbildung ist demnach wegweisend, da sie aufzeigt, welche Faktoren auf sie einwirken. Darauf aufbauend können vorausschauende gestalterische Modellierungen des Feldes eingeleitet werden (vgl.Gorges/Kuper in Gorges/Gegenfurtner/Kuper 2014, S.5). Das entstandene Bildungsideal das Lebenslangen Lernens in einem vorausgesetzten Diskurs steht, legt Weiterbildung erstrebenswert und die Beteiligung an Weiterbildungsteilnahme in einem positiven Verhältnis dazu dar. Die Nichtbeteiligung auf der anderen Seite steht demgegenüber auf Voreingenommen Seite, die eher im negativen Lichte in verschiedener Literatur behandelt wird (vgl. Holzer 2004, S. 137). Die maximierten selbstverantwortenden Neugestaltungsmöglichkeiten im Bildungs- und Berufswerdegang stellt das Individuum in eine Position mit relevanter eigener Entscheidungskompetenz (vgl. Schiersmann 2015 S. 101). Der Bedarf an professioneller Beratung von Individuen steigt dabei an, da sie durch die zunehmend notwendigen Entscheidungsprozesse den einzelnen Herausforderungen umso kompetenter gegenübertreten müssen. die Beratung ist unter anderem ebenfalls ein Korrelationsaspekt im Zuge der

Teilnehmergewinnung für Weiterbildungsangebote, die durch multivariante Aspekte, welche in ihrer Zusammensetzung variieren (vgl. Holzer, S.147) insgesamt beeinflusst wird (ebenda, S. 108). Es ist zu berücksichtigen, dass personenspezifische und institutionelle Faktoren, wie Pfadabhängigkeiten, beruflicher Werdegang, Geschlecht, Alter, Einfluss auf die Teilnahme nehmen (vgl. Karin Büchter 2008, S. 158). Das sind zusammengefasst die relevanten objektiven Rahmenbedingungen (Holzer 147). Von diesen Aspekten hängt es ab, ob Erwachsene potenziell dazu tendieren überhaupt Weiterbildungsteilnahme zu erfahren. Um bildungsbezogene Chancengleichheit zu manifestieren, sollten sie auf diesem Niveau vorhanden sein, um dem Menschen universell die Weiterbildungsteilnahme als Möglichkeit darzubieten. (vgl. Holzer 2004, S. 147) Sie sind die Basisvoraussetzung für die Teilnahme und ein entsprechendes Defizit determiniert die Abstinenz erheblich. Vor dem Hintergrund einer erstrebten Chancengleichheit, kann dann wiederum sekundär die Entscheidung von motivationalen Aspekt des Individuums emportreten, ob er einer Teilnahme zustimmt oder sich auch bewusst dagegen entscheidet (vgl. Holzer 2004, S. 148). Vorhandene Gelegenheiten sind längst keine Garantie, dass die Teilnahme sich erhöht. Die Rahmenbedingungen und das bewusste Erkennen sind entscheidende Korrelative, welche Teilnahme und Abstinenz grundlegend prädestinieren (ebenda 2004, S. 148). Abschließend ist die Teilnahme an oder Vermeidung von Weiterbildungsangeboten insbesondere von der individuellen Ansicht, konkreter von der Berechnung des voraussichtlichen persönlichen Nutzens, abhängig (vgl. Holzer 2004 S. 147) und außerdem davon, dass sie nicht zu einem Abwägungsdillemma mutiert, da Weiterbildung mit den verschiedenen Lebensbereichen, wie Familie Hobbys etc. im Wettbewerbs Verhältnis tritt (vgl. Gorges/Kuper 2014, S. 5).

6.Literaturverzeichnis

BRETSCHNEIDER, Markus (2006): Kompetenzentwicklung aus der Perspektive der Weiterbildung, vom 15. Februar 2017. online unter: https://www.die-bonn.de/doks/bretschneider0601.pdf (Stand: 2006)

BRÖDEL, Rainer/YENDELL, Alexander: Weiterbildungsverhalten und Eigenressourcen – NRW-Studie über Geld, Zeit und Erträge beim lebenslangen Lernen. Bielefeld: Bertelsmann Verlag, 2008

Bundesministerium für Bildung und Forschung: Weiterbildungsverhalten in Deutschland 2014 - Ergebnisse des Adult Education Survey – AES Trendbericht, vom 13. Februar 2017. online unter: https://www.bmbf.de/pub/Weiterbildungsverhalten_in_Deutschland_201 4.pdf, (Stand: 2014, S. 13)

Bildungsministerium für Bildung und Forschung: Berufliche Weiterbildung im Betrieb- Info- und Toolbox für Personalverantwortliche, Betriebs- und Personalräte, 10.Feburar 2017 online unter: https://www.bmbf.de/pub/Toolbox_Berufliche_Weiterbildung_im_Betrie b.pdf (Stand März 2013)

BÜCHTER, Karin: Berufliche Weiterbildung – Verortung Segmente und Funktionen in Anke Grotlüschen, Peter Beier(Hrsg.): Zukunft Lebenslangen Lernens – Strategisches Bildungsmonitoring am Beispiel Bremens, Bertelsmann Verlag Bielefeld 2008, S. 147-163

DIEMER, Vera: Rechtliche und organisatorische Bedingungen, in : Vera Diemer, Otto Peters (Hrsg.): Bildungsbereich Weiterbildung, Rechtliche und organisatorische Bedingungen, Inhalte, Teilnehmer, Weinheim/München: Juventa Verlag, 1998, S. 21-70

DIENKELAKER, Jörg/ VON HIPPEL, Aiga: Erwachsenenbildung in Grundbegriffen, Stuttgart: Kohlhammer 2015

EISERMANN, Merlind et al. : Weiterbildungsbeteiligung – Ursachen unterschiedlicher Teilnahmequoten in verschiedenen Datenquellen, 13.

Februar 2017. online unter:

http://download.springer.com/static/pdf/17/art%253A10.1007%252Fs116
18-014-0561-
y.pdf?originUrl=http%3A%2F%2Flink.springer.com%2Farticle%2F10.1
007%2Fs11618-014-0561-
y&token2=exp=1486987278~acl=%2Fstatic%2Fpdf%2F17%2Fart%252
53A10.1007%25252Fs11618-014-0561-
y.pdf%3ForiginUrl%3Dhttp%253A%252F%252Flink.springer.com%252
Farticle%252F10.1007%252Fs11618-014-0561-
y*~hmac=4e50ea98c9a0c355127bca023a50d6f218300ca80f3c042c822d
9c8b829bc1ad

FRIEBE, Jens et al: Inklusion und Exklusion in der Weiterbildung –
Beginn einer Debatte und Ausblick, in: Martin Kronauer (Hrsg.):
Inklusion und Weiterbildung –Reflexion zur gesellschaftlichen Teilhabe
in der Gegenwart, Bielefeld: Bertelsmann Verlag, 2010 S. 306-315

GORGES, Julia: Warum nicht an Weiterbildung teilnehmen? – ein
erwartungs-wert-theoretischer Blick auf die Motivation erwachsener
Lerner, in: Julia Gorges, Andreas Gegenfurtner, Harm Kuper(Hrsg.):
Motivationsforschung im Weiterbildungskontext, Wiesbaden: Springer,
2015, S. 9-29

GORGES, Julia Kuper Harm: Editorial – Motivationsforschung im

Weiterbildungskontext, Zeitschrift der Erziehungswissenschaft, 10.
Februar 2017. online unter:
http://download.springer.com/static/pdf/157/art%253A10.1007%252Fs11
618-014-0597-
z.pdf?originUrl=http%3A%2F%2Flink.springer.com%2Farticle%2F10.1
007%2Fs11618-014-0597-
z&token2=exp=1486337052~acl=%2Fstatic%2Fpdf%2F157%2Fart%25
253A10.1007%25252Fs11618-014-0597-
z.pdf%3ForiginUrl%3Dhttp%253A%252F%252Flink.springer.com%252
Farticle%252F10.1007%252Fs11618-014-0597-
z*~hmac=d87e5bc92f69476b3afe4416523ffd3ecbada15592dc1c10467f8
880c9c02c58, (Stand: 2015)

HOLZER, Daniela: Wiederstand gegen Weiterbildung- Weiterbildungsabstinenz und die Forderung nach lebenslangem Lernen, Wien: Lit Verlag, 2004

KAUFMANN, Katrin: Informelles Lernen im Spiegel des Weiterbildungsmonitorings. Wiesbaden: Springer Fachmedien, 2012

KÜCHLER, Felicitas: Organisationen der Weiterbildung im Spannungsfeld von Exklusionsdynamiken und Inklusion(-szielen) in Martin Kronauer(Hrsg.): Inklusion und Weiterbildung – Reflexion zur gesellschaftlichen Teilhabe in der Gegenwart. Bertelsmann Verlag, Bielefeld 2010, S. 276-306

SCHRÖDER, Helmut/SCHIEL, Stefan/AUST, Folkert: Nichtteilnahme an beruflicher Weiterbildung – Motive, Beweggründe, Hindernisse: Expertenkommission Finanzierung Lebenslangen Lernens (Hrsg.). Bielefeld: Bertelsmann Verlag, 2004

SCHIERSMANN, Christiane: Beraten -Beraten- um was geht es? in: Erwachsenenbildung in Grundbegriffen: Jörg Dinkelaker, Aiga von Hippel (Hrsg.) Stuttgart: Kohlhammer, 2015, S. 101-110

SCHRADER, Josef: Struktur und Wandel der Weiterbildung – Theorie und Praxis der Erwachsenenbildung, Bielefeld: Bertelsmann Verlag, 2011

WALTER, Marcel: Lebenslanges Lernen zwischen Weiterbildungslust und Weiterbildungsfrust – Eine empirische Studie zu Anreizstrukturen in der beruflichen Weiterbildung, Bertelsmann Verlag, Bielefeld, 2014.